MW01199729

Geometría Sagrada Profunda
(Curso Iniciático)

Damián Alvarez

© Geometría Sagrada Profunda (Curso Iniciático)

© Francisco Damián Alvarez Yanes, 2019

1ª edición en castellano

ISBN: 9781096894223

Sello: Independently published

Editado, Publicado y Distribuido por Amazon Media Publishing

Impreso en E.U.A. / Printed in U.S.A.

A Flor de María,
una flor en mi vida.

Índice

Geometría y Geometría Sagrada
Geometría Divina y Teometría
(Una Introducción)

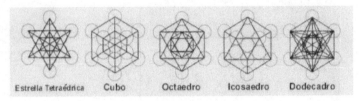

Estrella Tetraédrica   Cubo   Octaedro   Icosaedro   Dodecadro

Existen 5 Formas Perfectas y la Espiral
que parten de la Esfera y Forman el Universo

La palabra "Geometría" se forma de dos vocablos:"geo", que significa tierra, y "metría" que significa medida. Deducimos, por tanto, que la palabra "Geometría" sencillamente significa "medida de la tierra, "formas para medir la tierra" o quizás "medida terrestre".

A mi parecer, y abarcando un poco más la definición (aunque su propia palabra no lo justifique), creo plenamente que "Geometría" significa "medida de la creación", formas de la creación, formas para entender la creación o formas que crean la creación (valga la redundancia).

Por lo tanto, la Geometría Sagrada sería la Ciencia que estudia las formas de la creación, y que estudia cómo está formada esa creación. Aunque parezca una idea disparatada no lo es tanto, ya que, las formas que, en antaño se descubrieron, se utilizan hoy en día para medir otras formas. Por lo que el estudio de formas con formas, y que el mismo objeto de investigación sea utilizado para investigar es completamente correcto.

Terapeutas Vibracionales modernos
utilizan la Energía de las Formas para Sanar y Curar

Geometría Sagrada porque a través de la geometría podemos entender el espacio, el vacío o el "lleno". Así pues fuera de vértices, ángulos, aristas, etc., se encuentra el espacio, y es ese espacio el que realmente le da la forma y cuerpo al objeto geométrico. El espacio no está vació sino formado por energía.

Los Sanadores y Terapeutas Vibracionales modernos como los pertenecientes a la Escuela del Sistema de Sanación Tinerfe, utilizan las vibraciones energéticas que producen ciertas formas geométricas sagradas para sanar, equilibrar, cargar energéticamente, proteger, etc., a seres humanos y otros seres vivos. Esta geometría que tanto sana como despierta la conciencia y otros niveles energéticos del ser humano en pro de su salud, bienestar y desarrollo personal y espiritual se podría denominar "Geometría Sagrada".

La Geometría Divina (definición de Damián Alvarez), es aquella geometría que siendo parte de la creación es la misma que forma la creación. Me explico: la energía que forma todo es energía creadora de sustento, mantenimiento y desarrollo de todo el universo. Es energía divina. Que una forma geométrica produzca energías positivas que puedan sanar significa que son energías conscientes, inteligentes, creadoras, divinas.

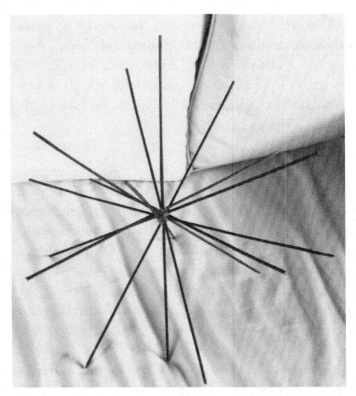

La Esfera no es un Vacío sino que se forma de infinitas Cruces

Las formas geométricas existen en la creación sencillamente porque son las que forman la creación. La energía creativa divina, por lo tanto, se puede medir de forma geométrica. Estudiando la creación se comprendería al Creador. Se comprendería la energía divina. Podríamos hablar entonces, no de geometría sagrada o divina sino de "Teometría" (palabra creada por Damián Alvarez).

Empezaríamos a comprender no solo la creación y como está formada sino también al Creador. No se estudiarían las formas sino la energía que las forma.

Existen, parece ser, 7 (número de la perfección), formas geométricas en el universo. 5 formas perfectas, el círculo (para mí, esfera), y la espiral. Todas las formas caben dentro de la esfera y parten de ésta. Entendiendo la construcción de la esfera se entiende la construcción del universo, se entiende a Dios ...

Damián Alvarez

El Nombre de Dios: Jehová o Jehovah

"Hasta los demonios tiemblan al oír el Nombre de Jehovah"

*Apuntar que en este curso iniciático utilizaremos las energías "Jehovah" como el mantra y símbolo más poderoso que existe en el todo, para construir y cargar con energía sanadora divina las formas geométricas que utilicemos.

JEHOVAH:

Jehová, Yo Soy.

Jehovah o Iahveh.

Jehová o Jehovah, utilizado como Mantra de Poder y Energía Sanadora, cuyo símbolo es el Tetragrámaton, del griego tetra (cuatro), y gramaton (letras). Nombre de Dios en hebreo que significa "Yo Soy".

Jehovah: Esencia Divina Amorosa, Creadora, Incondicional.

Jehovah: Todo y el Todo.

Jehovah: Yo Soy El que Era, El que Soy y El que Seré. Nada existió nunca, existe o existirá fuera del Nombre de Dios: Jehová o Jehovah.

Jehovah: Yo Soy El que Soy.

Jehovah: La Causa que llega a Ser.

Jehovah: Causa Primera creadora de todas las cosa y Rey de los días por toda la Eternidad. Siempre ha existido y siempre existirá.

Jehovah: Dignidad, Majestuosidad, Serenidad, Orden, Moralidad, Belleza, Bondad, Misericordia, Paciencia, Justicia, Ternura y Amor.

El Tetragrámaton. Nombre de Dios. Sana y Protege

Jehovah. El Nombre de Dios Sana, el Nombre de Dios Cura, el nombre de Dios aporta Poder, el Nombre de Dios da Sabiduría, el Nombre de Dios Materializa, el Nombre de Dios Hace Actos de Poder (Milagros), el Nombre de Dios Protege y el Nombre de Dios ama porque el Nombre de Dios es Amor.

"Al principio era el Verbo (la Palabra), y el Verbo (la Palabra), estaba con Dios y el Verbo (la Palabra), era Dios"
"... y el Nombre de Dios será conocido en toda la Tierra..."

porque "la Palabra de Dios durará hasta tiempo indefinido"...

Geometría Sagrada Profunda
(Curso Iniciático)

Damián Alvarez

GEOMETRÍA SAGRADA
EL PODER DE LA CRUZ SAGRADA

La Cruz Sagrada, La Cruz Dorada.
La Presencia de Dios

El Símbolo de la Cruz. Energías Divinas de Amor y Creación

Mucha gente cree que la cruz representa al Cristianismo y nada más pero no es así. La cruz es un símbolo antiquísimo que existía miles de años antes que crucificarán a Jesús el Nazareno. La cruz ha sido utilizada para representar energías de sanación y protección en todas las culturas de la humanidad. Muchas veces, la cruz, por su elevado poder se ha "escondido" debajo de otros símbolos para que solo la pudieran descubrir los iniciados. Por ejemplo la cruz se esconde en el símbolo del corazón que representa el amor o en la Estrella de David. De hecho tenemos el "Sagrado Corazón de Jesús que lleva una cruz" y no tiene nada que ver con la crucifixión.

Generalmente se sabe muy poco sobre la cruz, aunque la veamos todos los días. Pocos saben que la "Cruz Roja" simboliza la ayuda al prójimo de forma desinteresada, o sea, con amor o la "cruz de las farmacias".

La "Cruz de los Templarios" también tenía poco que ver con la cruz de la Iglesia Católica.

Las Cruces Templarias con aspas del mismo tamaño Protegen

Realmente la cruz que verdaderamente protege y sana es la cruz que tiene todas sus aspas del mismo tamaño, o dicho con otras palabras: Las energías de sanación y protección más elevadas forman una cruz. Sencillamente, la cruz representa no el amor de Dios, como si fuera una cualidad del Creador, sino a Dios mismo, al Amor Creador.

El equilibrio entre las energías físicas y espirituales en el alma humana forman una cruz con su punto central en lo llamado chakra del Corazón, el centro energético del amor.

Toda creación humana está compuesta también de cruces. El ser humano es incapaz con toda su tecnología de crear una esfera. Si te fijas, en el mundo físico toda creación humana está compuesta de cuadrados, cubos, rectángulos como las mesas, las ventanas, las puertas, las casas. Uniendo los puntos de un cuadrado, por ejemplo, formamos una cruz.

Las Flores son "Cruces" Naturales. Creación Divina

La creación humana no podrá salirse nunca de las construcciones en cruz y es su forma de acercarse a la Creación Divina. En cambio todo lo que ha creado Dios es esférico, oval, cilíndrico: los planetas, las galaxias, las olas del mar, los tornados, las hojas y troncos de los árboles, los animales, los humanos. Nunca llegarás a ver un perro o una flor cuadrados. Toda Creación Divina es una cruz en movimiento. Pones una cruz en movimiento y creas un círculo, una esfera. Debido al movimiento de la naturaleza (erosión) hasta lo más físico se vuelve esférico como la forma circular que forman las piedras y cristales cuando se le aplica sobre ellos el rozamiento de algún elemento. El ser humano nunca podrá poner en movimiento una cruz y crear vida.

La cruz simboliza entonces el "Corazón de Dios" siendo ese corazón Dios mismo: Energías creadoras en movimiento, Amor Puro Incondicional.

La Cruz, el "Corazón de Dios" se desdobla por Amor y crea el mundo físico. Piensa que es una enseñanza que ha llevaba oculta muchos miles de años (quizás hasta ahora).

Los Planetas y las Estrellas son Cruces en movimiento

El color dorado se forma de la vibración energética de frecuencia más elevada de la Luz que existe. El color dorado representa la divinidad, a Dios.

Pues ya tienes los dos elementos de tu símbolo: La cruz y el color dorado. Símbolo que representa las Energías Sanadoras y Protectoras más elevadas que existen. Representa a Dios mismo, Energía Creadora Amorosa

Consciente.

La Cruz Dorada representaría la presencia de Dios, de sus Energías. De hecho existe mucha gente que, con el conocimiento adecuado utilizan las energías de la cruz dorada para meditar, crear, sanar y proteger de forma consciente como lo hago yo mismo y otros Maestros del Sistema de Sanación Tinerfe.

Las Energías de la Cruz desarrolladas y adaptadas las introduje en el Sistema de Sanación Angelical Carismático creado por mí mismo y las denomino "Sagrada Cruz" o "Cruz de Jehovah" con muchas variantes.

Geometría Sagrada. La Cruz como Símbolo de la Energía Creadora Incondicional Infinita

*Dios se desdobla en su perfección Infinita Amorosa para Crear
(como en la estructura molecular de un copo de nieve)*

No entiendo muy bien lo de crear en cruces en amor desdoblándose, ... Esto necesito que me lo pudieras explicar cómo en "parvularios".

Realmente es fácil. La cruz a la que nos referimos de 2 dimensiones se forma con 2 líneas cruzadas formando 4 aspas del mismo tamaño ¿verdad?

*La Geometría Sagrada estudia las Formas Divinas
(como la estructura molecular del hielo)*

Si cruzamos una línea del mismo tamaño que las aspas a cada aspa pues formamos 1 cruz más de 4 aspas en cada aspa, o sea, 4 cruces más ¿lo ves?

Si a esas 16 aspas de las 4 cruces le cruzamos un aspa a cada una de sus aspas pues conseguiríamos 16 cruces más con 4 aspas cada una, y así hasta el infinito ¿o no?

La Cruz es un Símbolo Dinámico Creador
(así se crea la estructura molecular del cristal)

Imagínate ahora varias cruces entrecruzada en varias dimensiones con el mismo punto de intersección. En varias dimensiones porque el universo tiene al menos 3 dimensiones. Formarías esferas con las entrecruzadas de cruces que se desdoblarían en esferas (energía en movimiento), que se impulsaría con la fuerza de la Conciencia de Dios convirtiéndose en Acción creadora.

Según la Geometría Sagrada (Ciencia que mide las formas), o Teometría (Damián Alvarez, Ciencia para "medir" a Dios), la cruz de las mismas aspas representaría al amor incondicional creador de Dios, o sea, al Amor Creador Incondicional. Piensa, por el momento, que solo es un símbolo, una representación de las energías creadoras de Dios, Amor Puro Infinito.

La Estructura Molecular del Agua a la que se le ha enviado
Sanación forma Cruces o hexágonos

Dios, en Sí Mismo, se puede desdoblar, y lo hace, para crear el mundo espiritual y el físico. Toda la creación parte del Creador y forma parte de Él.

El Desdoblamiento de la Cruz.
El Acto Divino de Crear

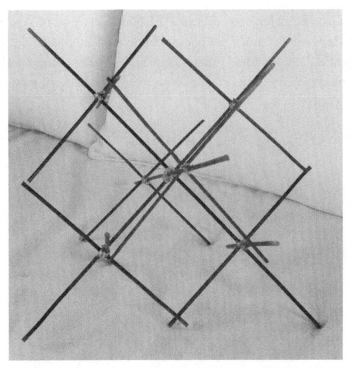

La Geometría Sagrada ilustra el Acto Divino de Crear

La cruz simboliza a Dios en sí mismo, las energías en perfecto equilibrio de las que emanan todas las demás energías. La perfección energética se puede denominar (aunque es más que amor), Amor. El acto de movimiento, de dirección, de elección, de intención, etc., implica una conciencia tras esa energía "Amor", o es esa energía misma consciente. El amor tiene conciencia propia, solo "es" en sí mismo. Este Amor es Dios y Dios solo es (Consciente, Amoroso, Energético, Creador, Existente).

Todo está incluido en el Amor. El Todo es Amor. No existe nada fuera del amor porque el Amor es vida y creación, es existir. Todo es Dios y Dios es el Todo. Pero ¿cómo crea el Amor? ¿cómo crea Dios? ¿Cómo puede ser Dios Él mismo, el Todo y todos?

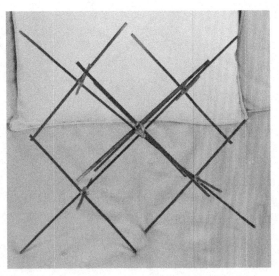

La Cruz, Dios, el Amor, se Desdobla en Sí mismo para Crear

Fácil, Dios (Energía creadora consciente y desinteresada (Amor en su más alta frecuencia), se desdobla en sí mismo para crear tanto el mundo espiritual como el mundo físico. Dios se desdobla en todos los sentidos en todas las direcciones.

Para que lo entiendas, imagínate la cruz o la cruz triple que se desdobla formando otras cruces que se desdoblaran formando cruces que formaran otras cruces, ..., y así hasta el infinito, hacia la eternidad. El Amor se desdobla formando Amor que se desdobla formando Amor, ... hacia la eternidad, hacia el infinito, si esa es la Intención de la Conciencia Divina.

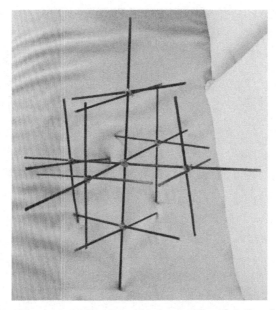

Las Energías de Creación. El Amor. Tanto el Creador, las Energías Creadoras como la Creación son lo mismo

El amor es energía creadora incondicional. infinita y eterna. Dios es Amor, por lo tanto un Ser Creador Incondicional, Infinito, Eterno. Un poco difícil para algunos creer que una energía puede llegar a ser infinita, eterna, consciente. pero hágase las siguientes preguntas; ¿Se gasta, se termina el amor cuando usted lo usa, cuando usted lo envía o recibe? ¿necesita usted darle órdenes a las energías del amor o ellas mismas saben que hacer en cada momento así sea durante canalizaciones de energías sanadoras divinas o mientras envía sentimientos de amor hacia otra persona?

Podemos dirigir el Amor a conciencia porque el Amor es consciente y nosotros somos Amor, pero el Amor también tiene conciencia en sí mismo al igual que una semilla sabe como crecer para convertirse en planta.

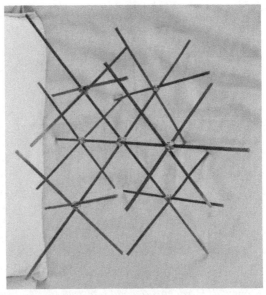

Sagrada Expresión Geométrica de la Conciencia del Amor

La figura geométrica sagrada que expresa el "Acto Divino de Crear" está formada solo por cruces que saben formar cruces, amor que sabe formar amor. Esta figura no la he podido hacer infinita pero sirva de ilustración gráfica de como Dios (el Amor), crea.

Así pues, todos estamos en el Todo y el Todo está en todos. Siendo el Todo una forma holográfica inteligente de creación de vida. Siendo el Todo Dios en sí mismo y su creación que solo parte de Él, Dios no necesita ni mundo espiritual ni mundo físico. Dios no nos necesita. Dios no crea por necesidad, solo crea de forma desinteresada, porque es su esencia. Dios solo crea por Amor y no por necesidad.

La Cruz Triple. La Trinidad. El Equilibrio Perfecto.

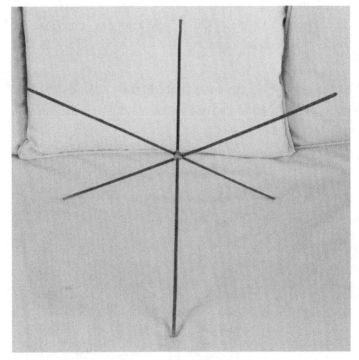

La Cruz Triple representa el Equilibrio perfecto en la Creación

La triple cruz representa el equilibrio perfecto en el universo, y por supuesto en el ser humano. El equilibrio que se puede obtener entre lo espiritual y físico, entre lo masculino y femenino, entre lo pasivo y activo, entre lo consciente y lo programado, entre lo lógico y lo intuitivo.

El equilibrio perfecto es la base del desarrollo de cualquier ser, así sea animal, mineral o vegetal. Un crecimiento siempre dirigido hacia la luz y hacia la Luz.

La cruz triple representa al "Padre, Espíritu Santo e Hijo" o si le parece mejor a Dios, sus energías creativas y la manifestación de la creación.

La cruz triple es también la base de toda geometría sagrada, la base de la creación, la base de la manifestación divina.

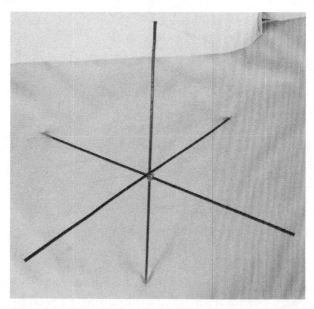

La Perfecta se forma con tres Cruces de aspas del mismo Tamaño

En la triple cruz encontramos también el intento de creación del ser humano aparentándose a su Creador. Toda creación humana está basada en cruces: Un cuadrado es una cruz, un círculo se forma con una cruz y una esfera con varias cruces.

La creación material, física del ser humano es inerte. El ser humano no puede crear vida como Dios. El ser humano no puede poner en movimiento la cruz o las cruces así forme, formen una esfera si no es por medio de un motor externo. Toda creación divina son cruces en movimiento pero que se mueven por sí solas, tienen vida propia, crecen.

En ámbitos religiosos se simboliza con una cruz cristiana sobre una cruz solar (cruz de San Andrés), y rodeada por un círculo.

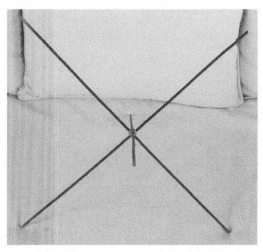

Trinidad. Dios, Energías Creadoras y Creación Divina

La Cruz Triple se utiliza por los Maestros en Sanación Angelical Carismática para equilibrarse, sanarse y como medio de protección.

La Cruz Triple se hará visualizando sus aspas de luz cargada con las energías sanadoras Jehováh.

La Cruz se hace desde la Estrella del Alma hasta la Estrella de la Tierra, de izquierda a derecha y de delante a atrás con las aspas del mismo tamaño y con su punto de intersección en la Estrella del Núcleo del Maestro Sanador.

Cuando te persignes para protegerte no lo hagas como te han enseñado en la iglesia, o sea hasta el chakra Corazón, sino hazlo como los sacerdotes. Persígnate (hazte la señal de la cruz), desde la Estrella del Alma hasta la Estrella de la Tierra, y si es posible, visualizarla luminosa. Mejor aún si la puedes cargar con las energías (símbolo y mantra), "Jehováh" (Tetragramaton).

La Esfera de las 5 Cruces: El Comienzo.

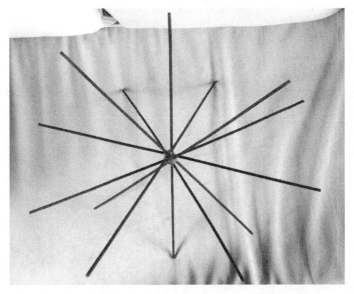

Geometría Sagrada. La Esfera de las 5 Cruces

He deseado hacer para los estudiantes del curso de Sanación Angelical Carismática, una serie de figuras tridimensionales para que se puedan hacer una idea más allá del dibujo de dos dimensiones.

La iniciativa tiene como finalidad ayudar al futuro Maestro en sus trabajos de visualización para la meditación, protección y sanación.

Aunque las figuras geométricas sagradas que les presentaré estén hechas a mano (cargadas de energía sanadora por supuesto), y no tengan un aspecto vamos a llamar "comercial" o de "fábrica", serán de gran beneficio.

Geometría Sagrada. El Comienzo

Hoy les presentaré "El Comienzo". Figura Geométrica Sagrada formada por 5 Cruces, todas con las aspas del mismo tamaño y el mismo punto central de unión. Las 14 aspas representan numerológicamente 1+4=5.

La visualización se llevará a cabo formando las cruces desde la Estrella del Alma hasta la Estrella de la Tierra, de izquierda a derecha, de arriba a abajo y de delante atrás, y con el punto central en la Estrella del Núcleo.

Cargue la Esfera de Cruces con las energías sanadoras pertinentes según conocimientos previos.

La Esfera de Cruces de Jehovah:
Así como es arriba es Abajo.

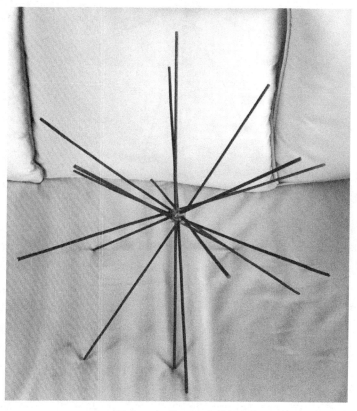

La Esfera de Cruces de Jehovah

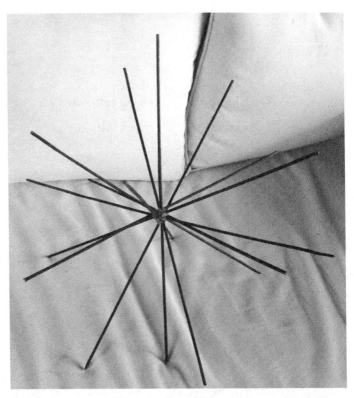

La Esfera de las 6 Cruces. Así como es Arriba es Abajo

Aquí les presentaré la "Esfera de Cruces de Jehovah" para las Meditaciones de Sanación y Protección. Hacer las cruces (con las aspas del mismo tamaño), desde la Estrella del Alma hasta la Estrella de la Tierra, de izquierda a derecha, de adelante atrás, de izquierda delante a derecha detrás, de derecha delante a izquierda detrás, de izquierda delante abajo a derecha detrás arriba, de izquierda atrás abajo a derecha delante arriba, y de derecha atrás abajo a izquierda delante arriba con el punto central de las cruces en la Estrella del Núcleo del Maestro en Sanación Angelical Carismática.

Alinearse con la Luz

Cambiar de frecuencia a la Luz en la Estrella del Núcleo a las energías Jehovah

Espirar y llenar todas las cruces con la frecuencia energética Jehovah

Repetir el proceso durante 20 minutos

Las 18 aspas numerológicamente representan el número 9 (1+8), que significaría el Todo.

Protección Energética Completa con el
"Cubo de Cruces de Jehovah".

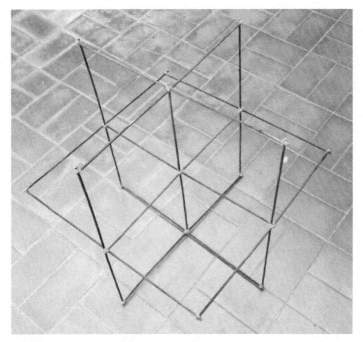

Protección Energética Completa con el Cubo de Cruces de Jehovah

La protección con el Cubo de Cruces de Jehovah es completamente efectiva aunque depende del poder de visualización del Maestro en Sanación Angelical, el trabajo previo de carga energética de la figura geométrica y de si el Maestro ha sido iniciado para canalizar las energías correspondientes, o sea, ha sido "bautizado" con el Espíritu Santo.

De todas formas, el Cubo de Cruces de Jehovah, es la mejor protección contra energías negativas de todo tipo de las que se han expuesto hasta ahora.

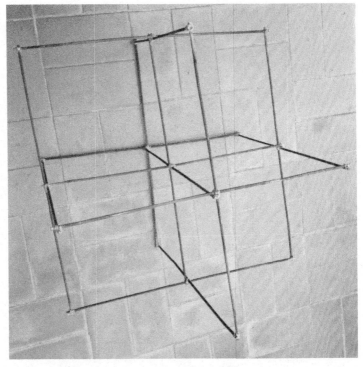

El Cubo de Cruces de Protección se forma con 9 Cruces

FORMA DE ACTUAR:

Hacer una cruz de luz (de aspas iguales) desde la Estrella del Alma hasta la Estrella de la Tierra y de izquierda a derecha con su centro en la Estrella del Núcleo.

Hacer otra cruz de atrás adelante (línea horizontal), con el punto central en la Estrella del Núcleo y ayudándose de la línea vertical de la primera cruz.

Hacer una cruz delante y otra detrás de usted con el punto medio de cada cruz en la terminación de las aspas de la segunda cruz.

Hacer una cruz a su izquierda y otra a su derecha con el punto central en la terminación de la aspas horizontales de la primera cruz.

Hacer una cruz con su punto central en la Estrella del Alma y otra cruz en la Estrella de la Tierra.

*Ahora se encuentra rodeado de 6 cruces unidas a las cruces que atraviesan su cuerpo y alma, que forman un cubo energético protector a su alrededor.

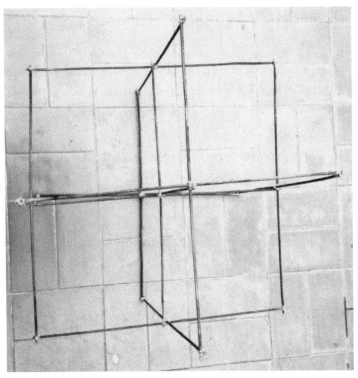

Todas las Cruces Parten de tu Estrella del Núcleo

CARGA ENERGÉTICA DEL CUBO PROTECTOR DE CRUCES:

Alineación con la Luz

Cambiar la frecuencia de la luz en su Estrella del Núcleo a las energías sanadoras Jehovah.

Espirar la luz desde su Estrella del Núcleo hacia las cruces exteriores que forman el cubo a través de las cruces que atraviesan su cuerpo.

Repetir el proceso durante 20 minutos a cada inspiración y espiración. Ahora el Cubo de Cruces está cargado de energía de frecuencia Jehovah.

*Cuando crea que necesita protección active el Cubo de Cruces de Luz de Jehovah con una pequeña concentración para visualizarlo. Refuércelo con necesidad todo lo que sea necesario.
Con el Cubo de Cruces de Jehovah también puede proteger partes específicas de su cuerpo o de otras personas, amén de proteger lugares, animales, etc.

Meditación de la Vida Eterna y Salud Perfecta con el "Cubo de Cruces de Jehovah"

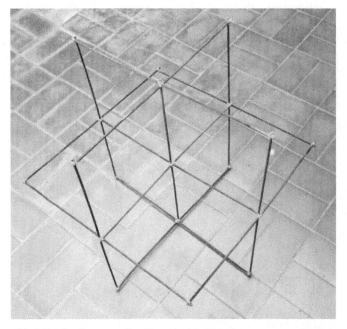

El Cubo de Cruces se Puede convertir Fácilmente en una Esfera

1. Hacer el Cubo de Cruces de Jehovah (ver: Cubo de Cruces de Jehovah en el capítulo anterior)

2. Mientras te alineas con la luz para cargar el cubo de cruces con las energías de Jehovah, vete expandiendo sus lados hasta que formen una esfera de luz a tu alrededor

3. Mueve mentalmente esa "Esfera de Cruces de Jehovah" de forma parsimoniosa (muy despacio, como el movimiento del reloj), alrededor tuyo, de derecha a izquierda, y al mismo tiempo, de arriba hacia abajo. Serían dos movimientos armoniosos al mismo tiempo. El movimiento de derecha a izquierda significa las 24 horas del día, y el movimiento de arriba hacia abajo los 12 meses del año. Un movimiento cíclico que te hará moverte ni más rápido ni más despacio que el tiempo físico así como lo conocemos, por lo que si haces bien y de forma regular esta meditación, te mantendrás joven para siempre, por ti no pasará el tiempo porque te moverás en armonía con el tiempo.

Protección contra las Energías y Seres Negativos con la Cruz de Jehovah.

Jehovah. No existe Energía más Poderosa en el Universo

La Cruz de Protección de Jehová o Jehovah se hará con dos "Tetragramaton", uno vertical y otro horizontal. La Cruz de Jehovah se visualizará en luz dorada y se utilizará el nombre de Dios como mantra y el tetragramatom como símbolo para dirigir y reforzar las energías protectoras.

- Pídale a Dios (Jehovah) que lo proteja.

- Dibuje mentalmente un Tetragramaton vertical desde la "Estrella del Alma" hasta la "Estrella de la Tierra" y refuércelo diciendo el nombre de Dios.

- Haga lo propio con otro Tetragramaton pero ahora de forma horizontal.

- El eje donde se cruzarán los dos nombres de Jehovah, las dos aspas de la cruz será el Tan-Tien ("Estrella del Núcleo").

- "Alineación con la Luz". Baje la luz dorada desde la "Estrella del Alma" hasta la "Estrella del Núcleo" con la inspiración. Con la espiración expanda la luz dorada divina desde la "Estrella del Núcleo" hasta las cuatro puntas de la cruz llenándola con energía divina dorada. Ayúdese en el proceso de "carga" energética de la cruz con el Tetragramaton (visualizado), y con el nombre de Dios (Jehovah), como mantra.

- Repita el proceso a cada inspiración y espiración durante al menos 20 minutos o hasta cuando sienta que la cruz está suficientemente cargada energéticamente.

Jehovah o Jehová. Nombre de Dios. Santificado sea Tú Nombre

Cuando necesite de protección piense en la cruz (visualícela), y repita el nombre de Dios sobre ella, la Cruz Protectora de Jehovah se formará automáticamente.

Hágase consciente que la energía sigue el pensamiento con el poder de la fe.

Desdoblamiento de la Cruz. Geometría Sagrada
(Detalles sobre un mismo Tema)

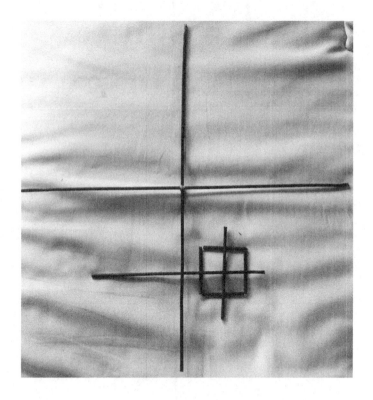

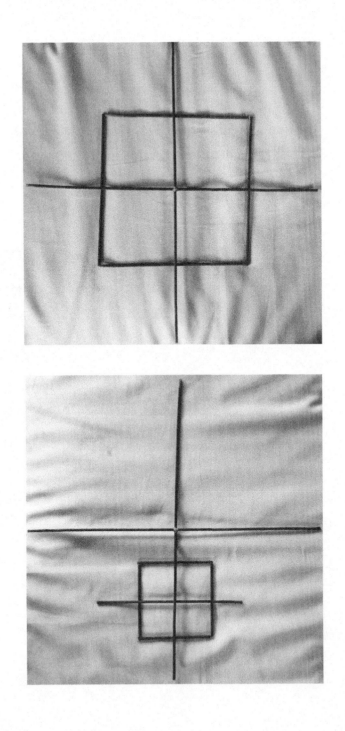

Desdoblamiento de la Cruz. Geometría Sagrada
(Detalles sobre un mismo Tema II)

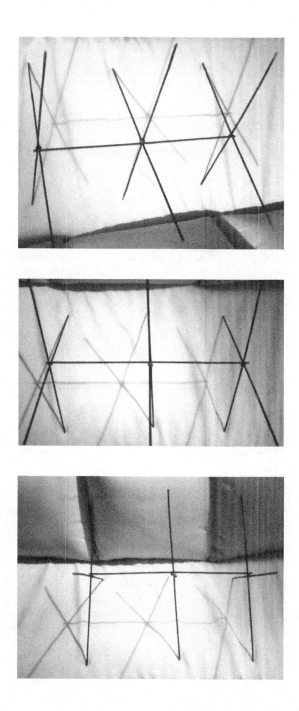

El Desdoblamiento de la Cruz
en la Simbología Religiosa

GEOMETRÍA SAGRADA
EL PODER DE LA ESTRELLA DE DAVID

El Poder del Hexagrama

El Hexagrama encierra un Significado oculto Milenario

Se dice que el hexagrama se forma superponiendo dos triángulos equiláteros, uno sobre el otro, cada uno de ellos al contrario que el anterior, pero ya veremos que el hexagrama es mucho más que dos triángulos equiláteros. Lo que sucede es que estamos acostumbrados a ver esta forma geométrica en dos dimensiones. Cuando creamos esta forma en tres dimensiones, pues ya es otra cosa, un conocimiento oculto desde hace miles de años.

Dios es amor. La estrella de seis puntas, conocida como la Estrella de David, simboliza el desdoblamiento del amor para crear el mundo físico y espiritual. Dios se desdobla desde su cruz perfecta de Amor y crea el mundo espiritual (un triángulo). Dios se desdobla también, de la misma forma, para crear el mundo físico. De ahí el postulado "así como es arriba es abajo", y "así como es abajo es arriba" (este último de Damián Alvarez).

Aunque siempre se ha asociado la Estrella de David al pueblo judío, muchas religiones, pueblos, naciones, han utilizado este símbolo.

Dios en movimiento. Energías no solo creadoras, dinámicas divinas, sino también de mantenimiento y equilibrio de todo el mundo espiritual y físico. Dios es, Dios está, Dios existe, Dios lo es todo.

El amor no se crea ni se destruye. El amor es. El amor existe.

El primer triángulo que forma el hexagrama se haría de izquierda a derecha y del ápice derecho (según miramos), hacia la punta baja y de ahí hacia la punta izquierda.

El segundo triángulo se haría desde la punta derecha baja hacia la punta izquierda baja, y desde ahí hacia la punta alta y de vuelta a la punta derecha baja.

El hexagrama forma un hexágono en su interior, un polígono de seis lados. Uniendo las puntas del hexágono formamos una "Esfera de Cruces" en su centro, amor dinámico consciente creador, de sustento, mantenimiento y equilibrio.

Relación en Armonía de los Chakras Físicos y Espirituales, de los Planos Físicos y Espirituales

Así como es Arriba es Abajo y Viceversa

El hexagrama se encuentra en la anatomía espiritual humana, y lo vemos que se forma desde el hombro izquierdo hacia el hombro derecho pasando por el chakra Garganta, y desde el hombro derecho hasta el chakra Base (primer triángulo). El segundo triángulo se forma desde la cadera derecha hasta la cadera izquierda pasando por el chakra Sacro , y desde la cadera izquierda hasta el chakra Corona. El centro del hexagrama, o el centro del hexágono que se forma en su interior estaría situado en el chakra Corazón, el amor.

Los Terapeutas Sanadores pertenecientes al Sistema de Sanación Tinerfe usamos el postulado "así como es arriba es abajo y así como es abajo es arriba" para tratar la raíz de la enfermedad tratando los síntomas y para tratar los chakras espirituales tratando los chakras físicos.

Relación en armonía entre los chakras físicos y espirituales: Planeamos con el chakra Garganta (chakra espiritual), para crear con el chakra Sacro (chakra físico). Creamos con el chakra Sacro para desarrollarnos con el chakra Garganta.

Otro ejemplo es que si estamos satisfechos con nuestra vida, nos sentimos realizados (Plexo Solar (chakra físico)), entonces tendremos pensamientos espirituales trascendentales (Tercer Ojo (chakra espiritual)), y lo mismo al revés, si tenemos pensamientos trascendentales para el bien de toda la humanidad, pues nos sentiremos completamente realizados haciendo ese bien.

Con lo anterior expuesto intento explicar que el hexagrama se puede hacer también desde el chakra sacro hasta el chakra Garganta y desde el Tercer Ojo hasta el Plexo Solar, manteniendo su centro en el chakra Corazón de todas formas.

Protección, Escudo contra las Energías Negativas con la Estrella de David

Crea un Escudo Protector Personal
con la Estrella de David tridimensional

La Estrella de David es en realidad una "Merkabah"(que ya veremos en próximos capítulos), en dos dimensiones, formada por triángulos que representan las dos pirámides entrecruzadas que forman la Merkabah.

Se hace de arriba hacia abajo y de izquierda a derecha comenzando por el primer triángulo, o sea, por el triangulo que "mira" hacia arriba.

La Estrella de David Protege en todas las Dimensiones y Planos

Con la Estrella de David puedes proteger cualquier cosa, cualquier lugar, cualquier chakra.

Se dibuja mentalmente visualizándola en llamas (hecha de

fuego), en techos, paredes, suelos, ventanas, puertas y todo aquello que se desee proteger.

Cargue la Estrella de David con las Energías más Elevadas:
"Jehovah"

Para protección personal se debe de hacer tridimensional con su centro sobre el tan-tien o sobre el chakra Corazón. Se cargará con las energías sanadoras más elevadas, o sea, utilizando el símbolo que representa a Jehovah.

Muy efectiva para protegerse el chakra del Tercer Ojo contra ataques psíquicos o brujerías. Así mismo protegerse la espalda, visualizándola tras de sí como se explica al comienzo de este capítulo.

La Estrella de David tridimensional y el Corazón de Dios.

El Corazón de Dios existe en el Centro de los Mundos

Estamos acostumbrados a ver la Estrella de David como dos triángulos superpuestos, o sea, en dos dimensiones, pero ¿qué sucede si hacemos esos dos triángulos tridimensionales?, pues que tenemos dos pirámides entrelazadas.

Tenga en cuenta que las bases de las pirámides que forman la Estrella de David son cuadrados, o sea, cruces, y además si entrelazamos los puntos de intersección de estos dos cuadrados formamos una "Esfera de Cruces" en su interior.

La Estrella de David, no es que simbolice, sino que así sucede la interrelación entre el mundo espiritual y mundo físico a través del amor creador de Dios.

La "Esfera de Cruces" en el interior del hexágono tridimensional que forma las dos pirámides superpuestas demuestra la existencia del creador, y yo, me he permitido la osadía de bautizarla como el "Corazón de Dios".

El Hexagrama y la Creación. Las Energías de Dios.

Dios, Amor Consciente creador del Mundo Físico y Espiritual

- Dios, amor, energía central consciente, incondicional, dinámica (Dios).

- Dios creador, amor en movimiento, energías creadoras (Espíritu Santo).

- Dios se desdobla para crear el mundo espiritual y físico (creación).

Así como es Arriba es Abajo,
así como es Abajo es Arriba.

Así como es Arriba así es Abajo. Así como es Abajo así es Arriba

Todo lo que sucede en el mundo físico tiene una repercusión en el mundo espiritual. Ejemplo: Cuando haces daño a la creación divina, entonces haces daño al Creador (si se pudiese). Cuando desprecias a tu hermano estás despreciando a Dios.

Todo lo que sucede en el mundo espiritual tiene una repercusión en el mundo físico. Ejemplo: Antes de comenzar cualquier guerra en el mundo físico, los demonios ya la han comenzado en el mundo espiritual.

Cómo usar el Postulado "Así es Arriba como es Abajo y Así es Abajo como es Arriba" en Guerras Espirituales

Guerrero Espiritual. En el Cielo y en la Tierra. Así como es Arriba ..

El Guerrero Espiritual pedirá (Plexo Solar, Ego, Cuerpo áurico Mental), a Dios que le de fuerzas a Jesucristo y sus ángeles para que derroten a Satanás y los demonios en las Guerras Espirituales, y que Jesucristo reine en el Cielo y en la Tierra por toda la eternidad según Su Voluntad (Tercer Ojo, Cuerpo áurico Angelical).

El Guerrero Espiritual también podrá pedir a Dios fuerza espiritual (Tercer Ojo, Cuerpo áurico Angelical), para desempeñar su misión vital terrestre y sentirse realizado con ella (Plexo Solar, Ego, Cuerpo áurico mental).

El Guerrero Espiritual buscara sabiduría divina (chakra Garganta, Cuerpo áurico Cetérico), para crear con amor (chakra Sacro, Cuerp aurico Emocional), y creará con amor (chakra Sacro, Cuerpo áurico Emocional), para desarrollarse espiritualmente (chakra Garganta, Cuerpo áurico Cetérico).

La Estrella de David (El Hexagrama), en Terapias y Meditaciones.

La Estrella de David Equilibra el Alma y el Espíritu

Puede utilizar en terapias y/o meditar con una Estrella de David de luz, y tridimensional sobre su cuerpo o el cuerpo del paciente. Dibújala/visualice el símbolo desde la Estrella del Alma hasta el chakra Base (primera pirámide), y desde el chakra Corazón hasta la Estrella de la Tierra (segunda pirámide).

Esta meditación equilibrará los chakras físicos y los espirituales consiguiendo con ello que llegues a ser tú mismo y así poder manifestar la voluntad de Dios en tu vida cotidiana.

Protección Energética con la Estrella de David.
Escudo Protector contra Brujerías
y Seres Espirituales Negativos

La Estrella de David, la Merkabah, es una Magnífica Protección

La Estrella de David se hará de arriba hacia abajo y de izquierda a derecha. Primero se hará el triangulo con su "cúspide" hacia arriba, y luego, sobre éste, se hará el triangulo con su punta hacia abajo.

Se utilizará para proteger lugares, o sea, paredes, techos, suelo, ventanas, puertas, y todo aquello que se desee proteger.

Para auto protecciones se hará (visualizará), de forma tridimensional, o sea, dos pirámides superpuestas entrelazadas con su punto central (esfera de cruces), en el tan-tien, y/o en el chakra Corazón y se cargará con las energías JEHOVAH.

Realmente, con la Estrella de David tridimensional se puede proteger cualquier chakra. Recomendado para proteger de forma eficaz la espalda y el chakra del Tercer Ojo en caso de brujerías.

Una primera buena protección sería formando la Estrella de David (hexagrama), desde el Tercer Ojo hasta el Plexo Solar (primera pirámide), y desde el chakra Garganta hasta el chakra Sacro, quedando la "Esfera de Cruces" situada sobre el chakra Corazón.

Otra protección muy efectiva sería formando el hexagrama desde la Estrella del Alma hasta el chakra Base, y desde el chakra Corazón hasta la estrella de la Tierra. En este caso la formación de la Esfera de Cruces se sucedería sobre el tantien.

GEOMETRÍA SAGRADA
EL PODER DE LA PIRÁMIDE

El Poder de la Pirámide

Se cree que Moisés fue Maestro
constructor de Pirámides en Egipto

Dios decía que la humanidad se sostendría sobre 4 pilares fundamentales de su pueblo Israel, y así es.

PRIMER PILAR (EL CAPITALISMO): El Capitalismo ya existía en tiempos bíblicos no es creación moderna, Dios mismo le dio a su pueblo que si prestaba dinero a extranjeros que le cobraran intereses.

SEGUNDO PILAR (LA RELIGIÓN): Tanto el Cristianismo como el Judaísmo (Antiguo Testamento), están basados en la Biblia, escrita por el pueblo de Israel. Decir que el Cristianismo es la religión más extendida por el mundo.

TERCER PILAR (LA CIENCIA): Albert Einstein, físico de origen judío, se puede considerar el padre de la ciencia moderna.

CUARTO PILAR (LA PSICOLOGÍA): A Sigmund Freud, médico neurólogo austriaco, y también de origen judío, se le considera padre de la psicología.

Existen otros "pilares", vamos a denominar menores, como las leyes del mundo, también basadas en la Biblia, o diversas filosofías.

Sobre 4 Pilares Divinos se Sustenta el Mundo actual

El mundo físico, el sistema actual, se fundamente en 4 pilares, las 4 intersecciones de la pirámide de poder. Dios sería su punta superior la cúspide, mientras la base de la pirámide sería en mundo físico.

Podemos recordar que Moisés, líder del pueblo de Israel que liberó a los judíos del yugo de los egipcios, fue jefe de arquitectos en las construcciones de muchas pirámides de Egipto.

También acentuar que Israel vivió durante 400 años en Egipto transmitiendo su sabiduría divina a los egipcios.

Se ha demostrado que la forma geométrica piramidal tiene propiedades de curación, de mantenimiento y hasta de rejuvenecimiento.

Numerológicamente, la pirámide tiene 4 lados, cada lado 3 aristas, o sea, 4x3=12=1+2=3= La Trinidad (Padre, Hijo y Espíritu Santo o mejor dicho: Dios, Sus Energías Creadoras y su Creación).

Las pirámides que podemos ver en Egipto son un símbolo de la grandeza y el poder de Dios. Nadie podrá jamás negar el poder de las pirámides, poder que las hacen formar parte privilegiada dentro de la Geometría Sagrada.

Los faraones lo sabían. Los faraones conocían el poder energético que manaba de las pirámides, y por ello las construían para intentar mantener la inmortalidad.

La Verdadera Pirámide de Poder es un Octaedro

Pero no queda ahí, yo, acostumbrado a trabajar con la Geometría Sagrada me di cuenta de que el octaedro (forma geométrica de 8 lados que se utiliza para equilibrar), se componía de 2 pirámides unidas por sus base, por lo tanto, supuse que cada pirámide construida en el antiguo Egipto debería de tener otra pirámide enterrada bajo ellas, o sea, que nosotros solo vemos la parte del octaedro que asoma por encima de la superficie de la tierra. Enterrada bajo cada pirámide, con su base unida a la pirámide de la superficie debe de haber otra pirámide, así los faraones podían, aunque fuera después de su des-encarnación, aprovechar los grandes beneficios de las energías que emanaban de estos octaedros gigantes.

Ya sabemos que la Estrella de David real, la verdadera Merkabah (demostrado por Damián Alvarez), en forma tridimensional se compone de 2 pirámides entrelazadas, unidas por el poder creador de Dios.

La Merkabah simbolizaría el desdoblamiento del Amor de Dios Jehovah para la creación del mundo físico (una pirámide), y la creación del mundo espiritual (otra pirámide). Además, también simboliza la unión que existe entre estos dos mundo a través del mis o Amor de Dios.

Las 2 pirámides entrelazadas formaría una Estrella de 10 puntas (los 8 ápices de sus 2 bases y sus 2 cúspides), o sea, según la numerología $10=1+0=1=$ Unidad=Dios=el Todo.

Pirámide de Protección, Salud y Rejuvenecimiento. Meditación Avanzada. Geometría Sagrada.

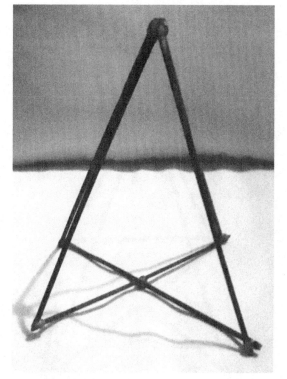

La Pirámide de Protección es el Doble de Alta que el tamaño de las Aspas que forman la Cruz de la Base

FORMACIÓN DE PIRÁMIDE DE PROTECCIÓN:

1. Hágase una cruz de luz bajo sus pies con el centro en su Estrella de la Tierra.
2. Cierre la cruz formando un cuadrado (si lo desea) y construyendo una base bajo sus pies.
3. Eleve los lados del cuadrado hasta por encima de su cabeza formando una pirámide de luz con la intersección de las puntas de sus lados a la altura de su Estrella del Alma.
4.

Cargue el interior de la pirámide con las energías sanadoras de Jehovah (Tetragramaton).

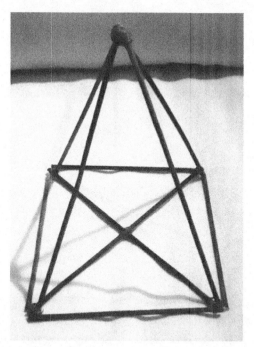

La Pirámide de Poder y Protección con su base cerrada

Refuerce con el mantra "Jehovah" constantemente.

Use también el Nombre de Dios Jehovah como energías activas en la construcción de la cruz, la base de la pirámide y los lados de la pirámide de luz. Ahora se encuentra dentro de una pirámide energética cargada y construida con las energías de Dios.

(Medite durante 20 minutos. Toma de tierra con necesidad al finalizar la meditación).

Pirámide de Protección y Poder. Geometría Sagrada
(Detalles sobre un mismo Tema)

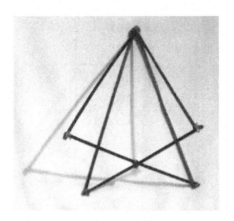

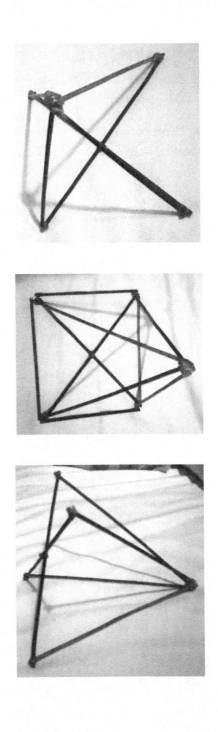

Protección contra Todos tus Enemigos con la Doble Pirámide de Poder. Geometría Sagrada.

Protección energética Efectiva contra Todos tus Enemigos

Con este símbolo se construye una defensa contra las fuerzas negativas, tanto las fuerzas físicas como las no-físicas.

La pirámide mayor representa el conocimiento y la sabiduría. Conocimiento que solo existe en el mundo espiritual y del que usted podrá tomar parte. Te protegerá en el mundo espiritual de seres negativos.

La pirámide interior equilibrará todas las energías, purificando cuerpo y Alma. Este símbolo está destinado a ampliar tus conocimientos en el plano físico (estudios, lectura, cursos, etc.). Te protegerá de todos tus enemigos humanos (ataques psíquicos, brujerías y hasta de ataques físicos), que desean detenerte en tu desarrollo, así fracases.

Con este símbolo te podrás mover entre las energías negativas físicas y no físicas de este mundo y otros mundos sin problema alguno, o sea, completamente protegido. Tus enemigos se sentirán fracasados, impotentes y frustrados en el empeño de causarte mal.

Con esta Coraza podrás moverte entre las Energías
Negativas sin que te causen Daño alguno

CONSTRUCCIÓN DE LA PIRÁMIDE EXTERIOR:

1. Hágase una cruz de luz bajo sus pies de adelante a atrás y de izquierda a derecha con el centro en su Estrella de la Tierra.

2. Cierre la cruz formando un cuadrado (si lo desea), y construyendo una base bajo sus pies.

3. Eleve los lados del cuadrado hasta por encima de su cabeza formando una pirámide de luz con la intersección de las puntas de sus lados a la altura de su Estrella del Alma.

4. Cargue el interior de la pirámide con las energías sanadoras de Jehovah (Tetragramaton).

5. Refuerce con el mantra "Jehovah" constantemente.

6. Use también el Nombre de Dios Jehovah como energías activas en la construcción de la cruz, la base de la pirámide y los lados de la pirámide de luz. Ahora se encuentra dentro de una pirámide energética cargada y construida con las energías protectoras de Dios

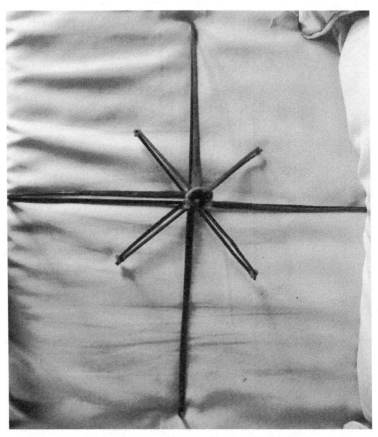

La Protección de la Doble Pirámide vista desde Arriba.
Sus Enemigos no podrán contra Usted

CONSTRUCCIÓN DE LA PIRÁMIDE INTERIOR:

Constrúyala de la misma manera que la pirámide exterior pero haciendo la cruz al contrario (cruz de San Andrés (X)), que la primera y con su centro en el chakra Base, y terminando la pirámide sobre su chakra Corona. También puede terminar esta pirámide a la altura de su chakra

Corazón.

(Cargue las pirámides en meditación durante 20 minutos. Toma de tierra con necesidad al finalizar la meditación).

*Aunque la protección es altamente efectiva se debe de tener en cuenta el trabajo preliminar de carga y visualización.

Variante de la Doble Pirámide de Protección. Geometría Sagrada

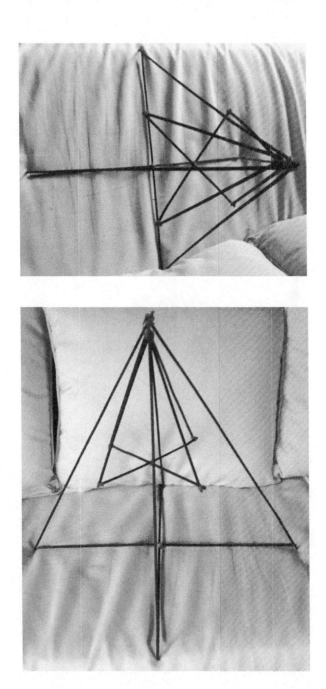

GEOMETRÍA SAGRADA
EL PODER DE LA MERKABAH

Merkabah.
Meditaciones de Sanación y Protección.

Meditar con LA Merkabah
transporta a Niveles de Conciencia Superiores

Significado del Símbolo Merkabah:

Mer = Vehículo

Ka = Espíritu

Bah = Alma

Por tanto, la Merkabah es: El vehículo donde viaja el espíritu y el alma.

La Merkabah es el vehículo de los vehículos, que está compuesta de muchas formas y colores que controlan la velocidad, los cambios del tiempo y las fronteras entre las dimensiones, la geometría. la tecnología espiritual y las energías de la anatomía espiritual profunda humana y de otros seres espirituales.

La Merkabah se mueve en una "dimensión" donde no existe el espacio, ni el tiempo y nos ayuda para que logremos nuestro desarrollo espiritual, como así mismo a que nos elevemos a otros niveles de conciencia superior.

La Merkabah eleva nuestro nivel Energético, nos confiere la técnica de tele portación y limpia, sana y protege nuestro sistema de chakras.

Meditaciones con la Mer-Ka- bah:

-Visualizar una Mer -Ka -Bah en el aire sobre tu cabeza y un poco delante de ti que cae sobre ti como una lluvia de energía dorada o multicolor (como la luz de un diamante mientras repites su mantra (Mer-Ka-Bah), y visualizas su forma geométrica continuamente.

Limpiaras tu cuerpo y alma de energías negativas y te sentirás en paz y protegido.

(esta meditación se realizara durante 20 minutos).

-Visualizar una Mer-Ka- Bah de luces multicolores sobre tu chakra corazón y/o delante de éste mientras repites mentalmente "Mer-ka-bah, Mer-ka-bah, Mer-ka-bah"

(esta meditación se realizara durante 20 minutos también).

*Con estas meditaciones sentirás que el Corazón de Dios late dentro de ti con Energías de Amor, Sanación y Protección.

Merkabah.
Metatron y Shekinah. El Corazón de Dios.

Metatron y Shekinah. Conciencia y Creación. Amor Infinito

Dios siendo Uno es Dos. Dios es, y será siendo. Dios es Esencia y Fulgor. Dios es Dinámico, Dios Es (en el siempre). Conciencia y Acción en la misma Energía (por llamarla de alguna manera).

Pensamiento y Creación. Una Conciencia Creadora que se desarrolla de forma infinita.

Al Corazón de Dios se le representa con dos seres angelicales superiores en unión armoniosa perfecta. **Esa es la Merkabah.** Cada Energía de Dios es representada por una Pirámide que forman, o más bien parten del entramado de Cruces de Jehovah, de su Esencia: Conciencia y Acción, Dos en Uno.

La Energía considerada masculina de Dios es Su Conciencia mantenida por el Trono del Trono de Jehovah llamado Metatron. La Energía considerada femenina es Su

Acción Creadora, o sea, el Amor Infinito de Jehovah, llamado Shekinah.

Metatron y Shekinah. Surgir de la Nada para formar el Todo

A Metatron y Shekinah se les suele representar como a dos seres alados, el uno masculino (Metatron), apoyado (dando apoyo), sobre los hombros del ser femenino situado delante (Shekinah).

Metatron y Shekinah es la energía que hizo que el Ave Fénix resurgiera de sus propias cenizas, por lo que a veces se les representa como una Merkabah escondida bajo un Ave Fénix que solo el ojo del iniciado puede percatarse de tal simbolismo mágico oculto.

Dios no es dual, (no nos equivoquemos), no existe bien y mal en una Energía Creadora de Amor, esta energía fundida perfectamente la una en la otra, es el comienzo, la base y sustento de toda la creación visible e invisible. Masculino y Femenino no es ni activo ni pasivo, ni positivo, ni negativo, ni blanco ni negro sino que las dos energías son activas, positivas, luz, y la una sin la otra no serían, y Dios Es.

Merkabah.

La Flor de la Vida. El Aliento de Dios.

El todo del Todo en el Uno.

La Perfección de las 7 Flores centrales forman una Merkabah, el Aliento de Dios. El Todo del Todo en el Uno. La Vida

"... y Dios sopló aliento de vida en él, y el hombre fue un ser viviente ..."

La gran mayoría de estudiosos del tema saben que la Flor de la Vida es una figura geométrica formada básicamente por 19 círculos, pero no muchos llegan más allá del plano simbólico de dos dimensiones.

No les voy a aburrir contándoles todo lo que ya se ha escrito sobre la Flor de la Vida como que tiene más de 6.000 años de antigüedad, se descubrió en Egipto, etc. sino de nuevos descubrimientos propios basados en investigaciones y experiencia de muchos años.

Todo símbolo representa unas energías, unas energías en movimiento, energías multidimensionales. Se sabe que la Flor de la Vida representa todo y el todo, el universo al completo pero ¿por qué?

La Flor de la Vida está compuesta de 19 círculos como hemos dicho, o mejor dicho de 19 esferas. Las 19 esferas simbolizan numerológicamente el Todo, o sea, 1+9=10, el Todo. No existe nada fuera del número 10. Con los 10 primeros número se forman todas la demás cifras. Además el 10 sería igual que 1+0=1, y el uno es Dios, el Todo.

También apreciamos que en este símbolo se encuentra la Estrella de David formada por sus esferas, pero no lo es todo, porque cada flor en cada esfera forma también una Estrella de David.

Hablando de esferas y no de estrellas o círculos planos podemos apreciar entonces que la Flor de la Vida es una Merkabah compuesta de 19 Merkabah. La Flor de la Vida no es plana sino multidimensional por lo que esos 19 círculos, flores, esferas, Merkabah, forman infinitas esferas, o como dirían los iniciados una "Red de Merkabah multidimensional infinita".

La Flor de la Vida es una Esfera infinita
Multidimensional Dinámica

En la Merkabah se encuentra el "Corazón" del Creador (la Esfera de Cruces de Jehovah, la creación física y la creación espiritual entrelazadas, así mismo en cada Flor de la Vida. Al igual que en la Merkabah que de cada una de sus puntas (pirámides), se puede formar otra Merkabah, y así, sucesivamente hasta el infinito de la creación divina, cada pétalo de la Flor de la Vida forma parte de otra flor. De cada flor esférica se forman infinitas flores esféricas.

En la Flor de la Vida se encuentran el Creador, las energías creadoras del Creador y la Creación. El todo del Todo en el Uno.

Sabemos que tanto Dios, las energías creadoras de Dios y la creación son, ni más ni menos que Amor Consciente, de ahí la capacidad de los seres de crecer, desarrollarse, mantenerse vivos. La Conciencia creadora de Dios, Amor Puro se le denomina en este ámbito Metratron y Shekinah, que siendo la misma energía, Metratron simbolizaría la Conciencia Divina y Shekinah las energías creadoras, también divinas.

Como de la luz de un diamante se tratase, así es Jehovah. La luz blanca o dorada brillante sería Su conciencia y la luz de colores Su energía creadora. Siendo la misma luz tiene dos aspectos inseparables: Conciencia y acción creadora.

No es que en la Flor de la Vida se encuentre esa Conciencia energética divina, ese Amor Puro que forma y da vida, ese Aliento de Dios, sino que *la Flor de la Vida es esa Conciencia creadora*. Energías que crean y sustentan, que mantienen y protegen, que sanan y que curan.

Para concluir, diré que la Ciencia aún no ha encontrado el Aliento de Dios porque no se encuentra en la expresión física del Creador, no se encuentra en las moléculas, átomos o células sino en lo que los científicos denominan vacío. El Aliento de Dios es lo que une y sustenta el todo, siendo el todo Él mismo.

Protección con la Doble Merkabah

Protección Superior con Merkabah

Forme primero una Merkabah desde su Tercer Ojo hasta su Plexo Solar (primera pirámide), y desde su chakra Sacro hasta su chakra Garganta (segunda pirámide) con su centro o cruz sobre el chakra Corazón.

Forme seguidamente otra Merkabah desde su Estrella del Alma hasta su chakra Base (primera pirámide), y desde su Estrella de la Tierra hasta su chakra Corona con el centro o cruz en su Estrella del Núcleo.

Merkabah. Estrella de David tridimensional

Utilice su poder de visualización y el mantra "Jehovah" para crear la Doble Merkabah. Así mismo cargue de luz su protección con el mantra "Merkabah".

Si es experto o Maestro del "Sistema de Sanación Angelical Carismático" (creado por Damián Alvarez), puede también cargar la "Esfera de Cruces de Jehovah" que se forma en el centro de cada Merkabah.

Merkabah de Octaedros de Fluorita.
Equilibrio entre Energías Espirituales y Físicas.

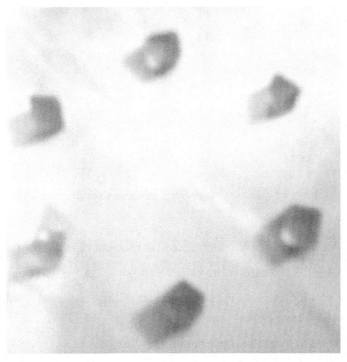

La Estrella de David o Merkabah se forma con Dobles Pirámides

Para equilibrar las energías físicas y espirituales (chakras físicos y espirituales), se necesitan 6 Octaedros de Fluorita (6 pirámides dobles con la misma base).

Una de las propiedades de las 2 pirámides con la misma base es la de equilibrar. La Merkabah, realmente es 2 pirámides entrecruzadas, una Estrella de David de 3 dimensiones.

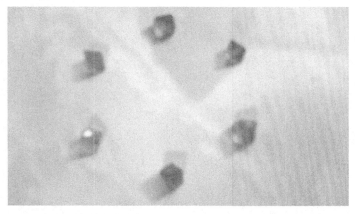

Los Octaedros se forman con 2 Pirámides con la misma base

La Disposición de Octaedros de Fluorita es la siguiente:
- 1 Octaedro sobre el Tercer Ojo.
- 1 Octaedro a cada lado del cuerpo en línea con el Plexo Solar.

(queda formada la primera pirámide)
- 1 Octaedro sobre el chakra Sacro
- 1 Octaedro a cada lado del cuerpo en línea con el chakra Garganta

(queda formada la segunda pirámide y por tanto la Merkabah de octaedros de Fluorita)

Sintonizar con los cristales mientras se medita en la Merkabah formada.

Exorcismo de un Lugar con la Merkabah de Luz.

Exorcizar un Lugar es relativamente Fácil
con la Merkabah de Luz.

Un lugar se suele cargar con energías negativas así sean de los que lo habitan, energías que se le hayan dirigido desde el exterior o quizás hasta una brujería, pero en este caso no hablamos de limpia energética sino de exorcismo.

Con la Mekabah de Luz podemos exorcizar un lugar que se encuentre poseído así sea por entes energéticos, espíritus de difuntos como seres espirituales negativos.

Para tal menester se necesitan 6 velas, 5 soportes para varitas de incienso y varitas de incienso de sándalo.

La Red de Luz de Merkabah se puede hacer solo con Velas

MODO DE ACTUAR:

Forme sobre el suelo de la habitación que desee exorcizar una cruz con los soportes para las varitas de incienso, uno de los soportes se situará en el centro de la cruz. Coloque 1 varita de incienso en cada soporte y enciéndalas.

Construya ahora una Mercabah en dos dimensiones (Estrella de David), alrededor de la cruz con las 6 velas. Encienda las velas. Cargue la "Red de Luz" con el símbolo y el mantra que representa a Merkabah.

Espere que se quemen los inciensos para apagar las velas. Repita el ritual a diario tantos días como sea necesario reponiendo cada día con varitas de incienso nuevas. La Red de Luz se puede mantener en el mismo lugar si es posible para así no tener que montarla y desmontarla cada día.

Si el lugar que desea exorcizar tiene varias habitaciones se recomienda montar la Red de Luz de Merkabah sobre una bandeja para que sea posible transportarla de un lugar a otro.

Muy efectiva. ¡Suerte!

Exorcismo a Distancia con la Red de Luz de Merkabah.

Un Exorcismo a Distancia con la Red de Luz de Merkabah es tan efectivo como de cuerpo presente pero más práctico

Digan lo que digan aquellos que saben o aquellos que no saben, es mejor siempre hacer un exorcismo a distancia que de cuerpo presente, así no se arriesga uno a tener "platos rotos" en su casa o lugar de trabajo.

De todas formas, casi siempre suele ser el Sanador Terapeuta el que tiene que acudir al hogar de la persona poseída para practicar el ritual del exorcismo por cuestiones obvias.

Los rituales de exorcismo nunca son solicitados por el paciente sino por algún familiar cercano. El paciente tampoco acudirá, ni siquiera en compañía, a que le practiquen un exorcismo.

Una persona que pida un exorcismo por si misma demuestra con su actitud que realmente no está poseída, aunque de seguro está enferma. Un ente que posea a un ser humano nunca le permitirá pedir ayuda.

El exorcismo a distancia es pues una modalidad muy práctica creada por Damián Alvarez, y que se puede desempeñar casi sin peligro alguno para el Sanador cualificado y experimentado.

Solo se necesita una fotografía tamaño folio (más o menos), de la persona a la que se le desea exorcizar.

*La Red de Luz de Merkabah (como ya hemos visto anteriormente),
se puede hacer solo con Velas*

MODO DE ACTUAR:

- Sitúe la fotografía del paciente sobre el suelo en una habitación segura libre de corriente de aire, animales domésticos, etc.

- Hágase una "Red de Luz de Merkabah" sobre la fotografía del paciente.

- Rodee la "Red de Luz de Merkabah" (y la fotografía, claro está), con un circulo de sal gruesa (alternativa Drusas de Cuarzo Transparente)

- Encienda los inciensos y las velas de la "Red de Luz de Merkabah"
- Active y cargue la Merkabah con las energías que representan su símbolo y su mantra
- Utilice todo lo demás necesario para hacer un exorcismo como si de cuerpo presente se tratase adaptándolo al exorcismo a distancia.
- Utilice también las protecciones pertinentes

El 75 % del Trabajo será para protección del Sanador Terapeuta

PROTECCIÓN DEL TERAPEUTA:

- 1 Generador de Cuarzo Transparente en cada Mano, los dos dirigidos hacia afuera.
- 1 Hematite en cada Ingle (Centros de la Abundancia).
- 1 Obsidiana Negra sobre el Tan-Tien.
- 1 Obsidiana Negra grande en el Suelo entre el Paciente y el Terapeuta.
- Burbujas de Protección (ver Primer Nivel de Sanación Espiritual).
- Quema de Inciensos de Sándalo.
- Limpieza Energética del Aura con Mantras y Energétizador (ver "Segundo Nivel de Sanación Espiritual" del mismo autor).
- Protecciones de Reiki, Karuna, etc.

- Canalización de luz y energías sanadoras hacia el paciente a través de las manos y generadores situados en las manos del Terapeuta.

(La Terapia está dirigida a crear toda la luz que sea posible en el cuerpo físico y energético del receptor (en este caso su fotografía). Al mismo tiempo el círculo de sal no permitirá que las energías negativas afecten al Sanador Terapeuta. Usará el sentido común para dar por terminada la sesión. La mayor parte de las veces se necesitan varias Terapias).

CONSEJO Y ADVERTENCIA:

Un exorcismo/liberación de energías negativas de esta índole se deberá llevar a cabo solo por un profesional Sanador Terapeuta muy experimentado.

Tenga en cuenta que la tendencia de las energías negativas es "pegarse" del primer ser que encuentren en su camino durante la liberación energética, y será usted.

El 75% de la Terapia estará dirigida a protegerse usted.

Muy efectiva

¡Suerte!

Damián Alvarez

OTRAS PUBLICACIONES DE DAMIÁN ALVAREZ

"Interacción y Resonancia Energética entre los Seres Humanos"

"Manual del Maestro del Sistema Natural de Sanación y Terapéutico Tinerfe"

"Manual del Maestro del Sistema de Sanación Reiki Japonés del Dr. Mikao Usui"

"Manual del Maestro del Sistema de Sanación Espiritual"

"Manual del Maestro en Sanación por los Cristales de Cuarzo"

"Manual del Maestro del Sistema de Sanación Karuna Ki"

"Manual del Maestro en Aromaterapia"

"Manual del Maestro en Sanación Angelical Carismática"

"Tesis de Especialización en Gemoterapia"

"Tesis de Especialización en Medicina Vibracional"

"Tesis de Especialización en Sanación Espiritual"

"La Ciencia de la Sanación"

"Respira Reiki. Toda la Verdad sobre el Reiki"

"El Plexo Solar, el Sol de tu Vida"

"El Chakra Sacro, la Pasión de tu Vida"

"El Chakra Corazón, el Amor de tu Vida"

"El Tercer Ojo. La Luz de tu Vida"

"Mitos sobre los Maestros de Sanación y Sanadores"

"Yo, Sanador"

"Pedazos de mi Alma"

"Rompiendo Cadenas"

"Mudras, Símbolos de Poder hechos con las Manos"

"Significado y Uso Terapéutico de los Colores en Medicina Vibracional"

"Las Virtudes del Corazón y Filosofía de Vida tras el Sistema de Sanación Tinerfe"

"Sistema de Sanación Tinerfe, 25 Años de Filosofía"

"Manual de Alas de Ángel"

"La Magia de los Ángeles"

"La Magia de las Energías Sanadoras"

"La Magia de los Mantras"

"La Magia de los Aceites Esenciales"

"La Magia de los Cristales de Cuarzo"

"Currículo del Diablo"

"Angelología Aplicada"

"La Gran Era del Amor ha Comenzado"

"El Erotismo de los Chakras"

"Técnicas Universales de Sanación"

"El Gran Libro de las Meditaciones de Sanación"

"Manual del Maestro del Sistema de Sanación Tinerfe"

"Manual de Aromaterapia"

"Anatomía Espiritual Profunda. Los Secretos Desvelados"

"Alineación con la Luz. La Meditación de los Sanadores"

"Cristaloterapia Avanzada"

"La Sexualidad del Alma"

"Rituales de Iniciación, Protección y Sanación"

"Posesiones, Poseídos y Exorcismos"

"Jehovah (Santificado sea tu Nombre)"

"Ángeles (lo que no sabías)"

"Los Secretos de la Oración del Padre Nuestro"

"La Ciencia de la Sanación (Apuntes)"

"La Escuela de Dios"

"Ser Humano. A Imagen y Semejanza de Dios creado"

"Metafísica de las Enfermedades. Curso Básico"

"Aprende a Amar. La Gramática del Amor"

"La Perfección en el Amor. Energías Sanadoras por Excelencia"

"Inspiración Divina: 7 Años de Gracia"

"Manual del Gran Maestro del Sistema de Sanación Tinerfe"

"Escuela de Amor del Sistema de Sanación Tinerfe"

"Una Sesión de Sanación del Sistema de Sanación Tinerfe"

"El Chakra Garganta, el Desarrollo de tu Vida"

"El Chakra Corona. Dios en tu Vida"

"¿Depresión? ¿Para qué? Vive la Vida"

"El Gran Poder en los Mandamientos de la Ley de Dios"

"Caminando por el Alma (El Camino entre los Chakras)"

"La Verdadera Clave de la Felicidad"

"El que controla su Plexo Solar controla el Universo"

"Cristaloterapia Moderna"

"El Karma es Maravilloso"

"El Gran Despertar de la Conciencia"

"La Gran Enciclopedia del Sistema de Chakras Mayores"

"Chakra Base. El Sustento de tu Vida"

"Masaje Angelical"

"Escuela Teocrática (Volumen I)"

Damián Alvarez

Creador y Maestro del Sistema de Sanación Tinerfe

Creador y Maestro del Sistema de Sanación Angelical Carismático

Creador y Maestro del Sistema de Sanación "Perfección del Amor"

Creador y Maestro del Sistema de Sanación Guanche

Creador y Maestro del Masaje Angelical

http://sistemasanaciontinerfe.blogspot.com.es/

e-mail: sanaciontinerfe@hotmail.es

Made in the USA
Las Vegas, NV
10 June 2024

90960806R00083